Pengwiniaid

Emily Bone

Dyluniwyd gan Will Dawes a Helen Edmonds

Darluniau gan Jenny Cooper a Tim Haggerty

Addasiad Cymraeg: Elin Meek

Ymgynghorydd pengwiniaid: Dr. Margaret Rostron a Dr. John Rostron
Ymgynghorydd darllen: Alison Kelly, Prifysgol Roehampton

Cynnwys

Beth yw pengwin?

Adar yw pengwiniaid sydd â chyrff solet ac adenydd byr, gwastad.

Y pengwiniaid ymerawdr hyn yw'r math mwyaf o bengwin.

Dydy pengwiniaid ddim yn gallu hedfan.

Bywyd mewn lle oer

Mae rhai pengwiniaid yn byw yn Antartica, y lle oeraf ar y Ddaear. Mae rhew trwchus ac eira dros y rhan fwyaf o'r tir drwy'r amser.

Mae'r pengwiniaid hyn yn sefyll ar fynydd iâ, sef darn enfawr o iâ sy'n arnofio.

Mae corff y
pengwin yn ei
gadw'n gynnes.

Mae haen drwchus
o fraster o dan y
croen yn cadw'r
oerfel allan.

Mae'r plu'n agos at
ei gilydd, i warchod
y croen rhag y
gwynt a'r dŵr
rhewllyd.

Drwy gadw ei adenydd
yn agos at ei gorff,
mae'r pengwin yn
dal gwres.

Mae'n gallu tynnu ei draed
o dan ei gorff cynnes.

Nofwyr gwych

Mae pengwiniaid yn treulio'r rhan fwyaf o'u bywyd yn y môr. Maen nhw'n defnyddio'u hadenydd cryf i nofio'n gyflym o dan y dŵr.

Mae pengwiniaid yn neidio i mewn i'r môr gan nofio o dan y dŵr i hela am fwyd.

Maen nhw'n plymio i mewn ac allan o'r dŵr wrth nofio, i orffwyso eu hadenydd.

Pan fyddan nhw wedi gorffen hela, maen nhw'n llamu allan o'r môr ar y rhew.

Dyma bengwin Humboldt.
Mae ei blu'n fyr ac yn feddal
i'w helpu i symud drwy'r dŵr
yn rhwydd.

7

Bwyd o'r môr

Mae holl fwyd pengwiniaid yn dod o'r môr.
Maen nhw'n dal pysgod, môr-lewys bach a
chreaduriaid mân y môr o'r enw cril.

Dyma bengwin y Galapagos.
Wrth nofio, mae'n dal
pysgod ac yn eu
llyncu'n gyfan.

Mae bachau ar big pengwin i'w helpu i ddal creaduriaid llithrig.

Hefyd mae drain yn ei gegau, rhag i'w fwyd lithro i ffwrdd.

Gall pengwiniaid Ymerawdr fyw am hyd at 120 diwrnod heb fwyd.

Cynhesu

Mae rhai pengwiniaid yn byw mewn mannau cynnes iawn, fel Seland Newydd a De America. Mae ganddyn nhw sawl ffordd o gadw'n oer.

Maen nhw'n hela yn y nos, pan fydd hi'n oerach.

Mae pengwiniaid Affrica yn byw ar draethau yn Ne Affrica.

Mae gan bengwiniaid Humboldt ddarnau moel ar eu hwynebau i'w helpu i gadw'n oer.

Mae pengwiniaid Ynys Snares yn nythu mewn coedwigoedd sy'n rhoi cysgod rhag yr haul poeth.

Ar dir sych

Pan fydd pengwiniaid ar y tir, maen nhw'n symud mewn sawl ffordd wahanol.

Mae'r pengwiniaid brenhinol hyn yn cerdded ar hyd traeth. Maen nhw'n dal eu hadenydd allan i gadw eu cydbwysedd.

I symud yn gyflym, mae rhai pengwiniaid yn gwthio'u hunain ar draws yr iâ ar eu boliau.

Mae eu traed garw a'u crafangau miniog yn help i ddringo llethrau creigiog.

Weithiau, mae pengwiniaid yn neidio ar draws craciau yn y rhew neu'n hercian o graig i graig.

Dodwy wyau

Bob blwyddyn, mae pengwiniaid yn dod at ei gilydd mewn grwpiau mawr o'r enw nythle i ddodwy wyau.

Mae rhai pengwiniaid yn dod yn ôl i'r nythle bob blwyddyn.

Er mwyn cadw'r wyau oddi ar y ddaear oer, mae'r rhan fwyaf o bengwiniaid yn gwneud nyth. Dydy pob nyth ddim yr un peth.

Mewn mannau creigiog, mae pengwiniaid yn gwneud pentwr o gerrig yn nyth i'r wyau.

Mae rhai pengwiniaid yn rhoi gwair a phlu yn eu nythod i gadw'r wyau'n gynnes.

Mae pengwiniaid eraill yn cloddio twll ac yn dodwy'r wyau ynddyn nhw.

Wyau'n deor

Dydy pengwiniaid ymerawdr ddim yn gwneud nyth. Rhaid iddyn nhw ddefnyddio eu corff i gadw'r wyau'n gynnes.

Mae'r fam yn dodwy wy ac yn ei roi ar draed y tad.

Mae fflap ar ei fol yn cadw'r wy'n gynnes tra bydd y fam yn mynd i chwilio am fwyd.

Os oes stormydd rhewllyd, daw'r tadau at ei gilydd i gadw'n gynnes.

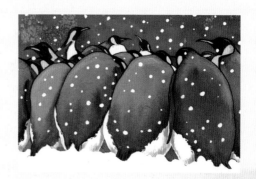

Ar ôl 60 diwrnod, mae'r cyw'n deor o'r wy ac yn dringo allan. Wedyn, mae'r fam yn dod 'nôl i ofalu amdano.

Mae'r pengwin hwn yn cydbwyso cyw ar ei draed, fel nad yw ar y rhew.

Tyfu

Pan fyddan nhw'n ifanc iawn, dydy cywion pengwin ddim yn gallu bwydo eu hunain na nofio.

Mae'r pengwin hwn wedi llyncu bwyd ac mae'n ei godi fel past trwchus i fwydo'r cywion.

Pan fydd cyw pengwin yn cael ei eni, mae plu fflwffog drosto i gyd.

Pan fydd wedi tyfu rywfaint, mae rhai o'r plu babi'n dechrau cwympo.

Wrth dyfu, mae'r pengwin yn cael cot lawn o blu newydd gloyw.

 Gan fod rhieni a chywion pengwin mor wahanol i'w gilydd, roedd y fforwyr cynnar yn meddwl mai mathau gwahanol o bengwin oedden nhw.

Cadw'n lân

Mae pengwiniaid yn rhoi olew dros eu plu.
Ymdrwsio yw'r enw ar hyn. Mae'n cadw'r corff
yn sych ac yn gynnes.

Mae pengwin yn
defnyddio ei big i
godi'r olew o'r croen
wrth ymyl ei gynffon.

Mae'n rhedeg ei big
dros bob pluen fel
bod olew drosti i gyd.

Mae pengwiniaid yn treulio llawer iawn
o amser yn ymdrwsio bob dydd.

Mae'r pengwiniaid rockhopper hyn yn trwsio ei gilydd i lanhau'r plu sy'n anodd eu cyrraedd ar eu pennau eu hunain.

Iaith pengwiniaid

Mae pengwiniaid yn defnyddio'r corff i ddweud gwahanol bethau wrth ei gilydd.

Mae pengwiniaid Gentoo, fel y rhain, yn clegar i alw ar ei gilydd.

Mae pob pengwin yn galw mewn ffordd wahanol.

Bwarc?

Prîts!

Pan fydd dau bengwin
yn ymgrymu a churo'u
hadenydd, mae'n
dangos eu bod
nhw'n bâr.

Os yw pengwin yn pwyntio ei big,
mae eisiau i bengwin arall fynd
o'r ffordd.

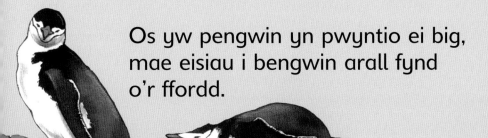

Pan fydd cyw'n llwglyd
ac eisiau cael ei fwydo,
mae'n taro ar big ei fam
neu'i dad.

Gelynion

Mae llawer o anifeiliaid yn hela pengwiniaid i gael bwyd. Ysglyfaethwyr yw'r enw ar yr anifeiliaid hyn.

Mae morloi llewpart, fel hwn, yn hela pengwiniaid.

1. Mae sgiwen yn hedfan dros nythle i chwilio am wyau pengwin i'w dwyn a'u bwyta.

2. Mae'r pengwiniaid yn gwneud sŵn ac yn pigo'r aderyn i'w ddychryn.

1. Mae morfilod ffyrnig yn hela pengwiniaid wrth nofio drwy'r dŵr.

2. Mae'r pengwiniaid yn nofio ar wib ac yn dianc i ben yr iâ.

Chwarae

Weithiau, mae pengwiniaid yn edrych fel petaen nhw'n chwarae, ond mae rhesymau da dros wneud hyn.

Mae rhai pengwiniaid yn reidio ton fel syrffwyr. Dyma'r ffordd gyflymaf o fynd yn ôl i dir sych.

Mae cywion pengwin yn codi brigau ac yn rhedeg ar ôl ei gilydd. Ond nid gêm yw hon, maen nhw'n dysgu sut i wneud nyth.

Mae llawer o bengwiniaid yn dod at ei gilydd ar ymyl yr iâ ac yn plymio'n gyflym i'r môr ar yr un pryd. Maen nhw'n gwneud hyn i ddrysu'r ysglyfaethwyr sydd yn y dŵr.

Astudio pengwiniaid

Mae gwyddonwyr yn astudio pengwiniaid ar y tir ac yn y môr i ddysgu rhagor amdanyn nhw.

Mae rhai gwyddonwyr yn byw am sawl mis mewn gorsafoedd ymchwil wrth ymyl lle mae'r pengwiniaid yn byw.

 Os yw pobl yn mynd yn rhy agos bydd pengwiniaid yn eu bwrw â'u hadenydd.

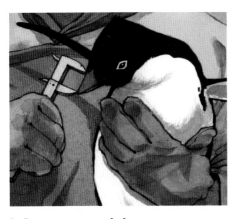

Mae gwyddonwyr yn mesur ac yn pwyso pengwiniaid i weld eu bod nhw'n iach.

Yn ofalus, maen nhw'n rhoi tagiau arnyn nhw i gael gwybodaeth am ble maen nhw'n mynd.

Mae camera'n cael ei roi ar gefn pengwin i weld beth mae'n ei wneud o dan y dŵr.

Bob blwyddyn mae gwyddonwyr yn cyfrif sawl cyw sydd yn y nythod.

Geirfa

Dyma rai o'r geiriau yn y llyfr hwn sy'n newydd i ti, efallai. Mae'r dudalen hon yn rhoi ystyr y geiriau i ti.

 Antartica – y lle oeraf ar y Ddaear. Mae'r rhan fwyaf o bengwiniaid yn byw yma.

 nythle – lle mae pengwiniaid yn dod o hyd i bartneriaid ac yn magu cywion.

 cyw – pengwin bach sy'n deor o wy.

 ymdrwsio – rhoi olew dros blu i'w cadw'n gynnes ac yn sych.

 sgiwen – aderyn mawr o'r môr sy'n bwyta wyau a chywion pengwin.

 ysglyfaethwr – anifail sy'n dal a lladd anifeiliaid eraill i gael bwyd.

 nyth – twmpath neu dwll i gadw wyau'n gynnes.

Gwefannau diddorol

Os oes gen ti gyfrifiadur, rwyt ti'n gallu dysgu rhagor am bengwiniaid ar y Rhyngrwyd.

I ymweld â'r gwefannau hyn, cer i **www.usborne-quicklinks.com**.

Caiff y gwefannau hyn eu hadolygu'n gyson a chaiff y dolenni yn 'Usborne Quicklinks' eu diweddaru. Fodd bynnag, nid yw Usborne Publishing yn gyfrifol, ac nid yw chwaith yn derbyn atebolrwydd, am gynnwys neu argaeledd unrhyw wefan ac eithrio'i wefan ei hun. Rydym yn argymell i chi oruchwylio plant pan fyddant ar y Rhyngrwyd.

Mae'r pengwin ymerawdr hwn yn bwydo ei gyw.

Mynegai

Cydnabyddiaeth

Trin ffotograffau: John Russell

Cydnabyddiaeth lluniau
Mae'r cyhoeddwyr yn ddiolchgar i'r canlynol am ganiatâd i atgynhyrchu deunydd:
© **Corbis/Photolibrary** clawr, 1; © **Gallo Images/CORBIS** 10-11 (Martin Harvey);
© **GERALD L KOOYMAN/Animals Animals/Photolibrary** 5;
© **IRA MEYER/National Geographic Stock** 24; © **Jan Vermeer/Minden Pictures/FLPA** 22;
© **JTB Photo/Japan Travel Bureau/Photolibrary** 14; © **Kevin Scafer/NHPA** 21;
© **Konrad Wothe/Minden Pictures/FLPA** 12; © **Maria Stenzel/Corbis** 4;
© **Momatiuk - Eastcott/Corbis** 18; © **NHPA/Photoshot** 2-3 (David Tipling);
© **Pete Oxford/naturepl.com** 8-9; © **sodapix sodapix/F1 Online/Photolibrary** 7;
© **Thorsten Milse/Mauritius/Photolibrary** 31; © **Thorsten Milse/PicturePress/Photolibrary** 17;
© **Wayne Lynch/Arctic Photo** 26; © **www.photo.antarctica.ac.uk** 28.

Cyhoeddwyd gyntaf yn 2009 gan Usborne Publishing Ltd., Usborne House,
83-85 Saffron Hill, London EC1N 8RT.
Cyhoeddwyd gyntaf yng Nghymru yn 2014 gan Wasg Gomer, Llandysul, Ceredigion SA44 4JL.
www.gomer.co.uk
Cyhoeddwyd gyda chefnogaeth Llywodraeth Cymru.
Cedwir pob hawl. Argraffwyd yn China.